AF248156

LE
LAURIUM

PAR

Alexandre DE RIZ,

Ancien officier d'artillerie.

PARIS

IMPRIMERIE DE A. PARENT.

31, RUE MONSIEUR-LE-PRINCE.

1872

LE
LAURIUM

N'avons-nous pas assez de nos propres affaires
pour nous inquiéter aussi de celles des autres?

C'est ce que je me disais toutes les fois qu'un
article sur les mines de Laurium me tombait sous
la main. Je le passais. Il ne m'intéressait guère.

J'avoue du reste que j'étais prévenu en faveur
des Grecs. Mon père était un ardent philhellène.
Il admirait ce peuple qui, s'inspirant de son grand
passé, ressuscitait à l'indépendance au prix des
sacrifices les plus héroïques.

Moi-même, lorsque dans nos derniers désastres
je remplissais mes devoirs de citoyen, j'ai vu de
jeunes Grecs combattre dans nos rangs. Oubliant
la tiédeur, qui avait remplacé chez nous l'ancien
enthousiasme pour la cause hellénique, pardon-
nant tout le mal que quelques-uns de nos beaux
esprits, à court de sujets de raillerie vendables,
faisaient à leur patrie, en la dénigrant de parti
pris, ces nobles jeunes gens, dès qu'ils surent la

France menacée, quittèrent les bancs des écoles, et accoururent par centaines partager l'honneur et les dangers de ses défenseurs.

« About n'est pas la France, » me disait l'un d'eux, mon compagnon de chambrée. « Son mauvais livre, que j'appellerais plus volontiers encore une mauvaise action, ne nous dispense pas de la reconnaissance que nous devons à la patrie de Chateaubriand et de Fabvier. » Le soir même du jour où il parlait ainsi, il expira dans mes bras, frappé d'une balle ennemie. Son dernier soupir s'exhala avec ce cri du cœur : « Vive la liberté ! Vive la France ! »

Je visitai depuis la Grèce, pour m'acquitter d'un engagement que j'avais contracté envers lui. Je le faisais avec quelque appréhension ; je craignais que ma partialité ne reçût un rude choc de l'état dans lequel j'allais trouver le pays. Tout en condamnant About, je l'avais lu, et j'avais subi involontairement l'influence de son style, digne de meilleures causes.

Je me rendis par mer de Corfou à Syra, de Syra à Athènes. J'allai par terre d'Athènes à Chalcis et à Patras.

Je fus étonné et charmé de ce que je voyais. Dans cette contrée si riche en souvenirs du passé, je rencontrai partout l'animation et la vie de la sève qui monte. De jolies petites villes, bien régulières, bien propres, bien aérées, tenues en ordre par une bonne police, étaient sorties en plusieurs endroits des ruines et du désert. Les champs étaient cultivés, en mesure de la population, encore assez clair-semée, mais qui est en voie d'augmentation. Elle a plus que doublé depuis la création du petit royaume. Les côteaux sont couverts de vignes ; les plantations de mûriers, de figuiers, d'oliviers et d'orangers donnent aux côtes de la Messénie, de l'Élide et de la Corinthie l'aspect de jardins continus.

Le peuple, bien qu'un peu trop préoccupé des élections et parlant volontiers politique, n'en est pas moins ardent au travail, et le commerce, ainsi que l'industrie naissante, a fait du Pirée, de Patras et de Syra, des villes qui auront bientôt peu à envier à celles de l'Europe qui sont du même rang par le nombre des habitants.

Je ne dirai rien des écoles. Je laisse la parole aux détracteurs de la Grèce. Ils l'ont souvent dit : elle n'a fait de progrès que dans l'instruction. C'est comme qui dirait d'un arbre, qu'on n'en a cultivé que la racine. Qu'il me suffise d'observer que l'instruction est en Grèce, à tous les degrés, gratuite et laïque, et qu'elle n'a pas besoin d'être obligatoire, car tout le monde l'y demande comme un droit, sans y être contraint comme à une obligation. L'université d'Athènes est un foyer central qui répand ses lumières sur tout l'Orient.

Mais ce qui m'a surtout causé une fort agréable surprise, c'est que dans toutes mes excursions je n'ai pas rencontré la trace d'un brigand. Je cherchais en vain le Roi des Montagnes. Je constate son *alibi*. Au dire des uns, sa capitale est au delà des frontières ; selon d'autres, il n'a jamais été à voir qu'aux bibliothèques des chemins de fer, d'où il s'attaque à la bourse des crédules. Je ne prétends pas que le brigand ne soit qu'un mythe en Grèce. La frontière y en envoie quelquefois, qui réusssissent à faire un coup de main, en attendant que la police les prenne ou les chasse. Mais ces accidents sont rares. C'est mollement couché à l'ombre des platanes séculaires de Céphisie, à deux lieues d'Athènes, que je lisais dans le *XIXe Siècle*, ou dans les journaux qui le copient de confiance, que la ville d'Athènes, nouvelle Ilion, était assiégée par des brigands, et que le roi ne pouvait pas traverser leurs lignes de circonvallation pour aller à sa promenade.

C'est dans une des miennes, jamais troublée par personne, que je lus, non sans étonnement, dans la *Revue des Deux-Mondes*, l'article de M. Ledoux, concernant le Laurium.

Pour qu'on ait réussi à obtenir d'un recueil, ordinairement si jaloux de sa propre dignité et si difficile dans le choix de ses articles, d'en accepter un qui ne traite que d'une affaire privée, et qui, par des assertions discutables, entraîne la *Revue* à une polémique vulgaire, il faut que de grands intérêts matériels soient en jeu.

C'est cette pensée qui me décida à approfondir l'affaire. Il était évident qu'on voulait y attirer l'attention. On réussit avec la mienne.

Mais pour me renseigner complétement, je crus devoir m'y prendre autrement que les autres : Je ne me fis pas héberger par la Compagnie ; je ne m'assis pas à sa table hospitalière ; je ne voyageai pas dans ses voitures. Je craignais que la reconnaissance ne nuisît à la clarté de mon jugement. J'allai à Laurium en simple touriste, curieux d'antiquité, visiter le théâtre de Thoricon et le beau temple de Minerve Suniade.

Mais, pour tenir la balance égale, je n'acceptai pas non plus des dîners des Ministres grecs. Je ne m'en fais pas un mérite, car j'avoue qu'ils ne m'ont pas été offerts.

Je me suis borné à voir les deux partis, à écouter leurs avocats. J'ai pesé leurs arguments, j'ai compulsé leurs dossiers, et je crois avoir acquis sur cette affaire, autour de laquelle on a voulu faire tant de bruit, à laquelle on a tenté de donner même les dimensions d'un incident diplomatique, des notions assez exactes pour en présenter un exposé succinct et précis à ceux qui veulent connaître la vérité des faits, dénués d'ornements déclamatoires.

Il y a deux griefs que la compagnie de Laurium a formulés contre le gouvernement grec : l'un concerne les *scories*, l'autre les *ecvolades*, ou rejets. Nous les examinerons chacun à son tour.

I. Les Scories.

On n'ignore pas que l'extrémité Sud-Est de l'Attique, qui aboutit au fameux cap Sunium, contenait dans l'antiquité de riches mines d'argent, dont la république d'Athènes tirait une grande partie de ses revenus. Sous les Romains, on considérait ces mines comme presque épuisées, et on les abandonna. Strabon en parle à peine; Pausanias les cite comme un souvenir.

Sous la domination ottomane, tout le district de Laurium ne possédait qu'une étendue déserte et stérile, couverte de bois et de substances calcinées, les scories produites par les anciennes fusions des métaux.

A l'émancipation de la Grèce, le nouveau gouvernement, trop préoccupé des premiers besoins du pays renaissant, ne put donner son attention aux mines, qu'on croyait improductives, ou dont l'exploitation à neuf exigerait des dépenses que la Grèce n'était pas alors en état de faire.

En 1861, les Chambres helléniques ayant voté

une loi sur les mines (1), un capitaliste grec,
M. Pakhys, demanda la concession de la refente
de ces scories du Laurium.

Le gouvernement ne se crut pas autorisé à traiter avec lui, la loi qu'il invoquait ne parlant que
des mines, et se taisant sur des matières qui en
avaient été précédemment extraites par l'industrie
humaine.

En 1863, un Italien, M. Serpiéri, revint à la
charge. Par deux pétitions (2), il demanda l'autorisation refusée à M. Pakhys. Il prétendait ne vouloir tirer des scories qu'une matière qui pourrait
être de quelque usage à la fabrication du verre. Il
en offrait 45,000 fr. pour une fois, et 1,800 fr. par
an pendant toute la durée de l'exploitation.

Ces pétitions restèrent sans réponse. Le gouvernement grec ne pensa pas devoir occuper la législa-
ture d'une affaire d'aussi mince importance.

M. Serpiéri s'y prit alors d'une autre manière.
Dans une nouvelle pétition (3), son fondé de pouvoirs, M. Heldreich, déclarait « que les scories n'é-
taient pas soumises aux prescriptions de la loi sur
les mines, parce qu'elles ne sont pas un produit
naturel, mais le rejet d'un travail métallurgique. »
Il en inférait qu'elles appartiennent au possesseur
du sol qu'elles recouvrent; et, au nom d'une so-

(1) Le 22 août 1861.
(2) Du 14 oct. et du 12 nov. 1863.
(3) Du 14 avril 1864.

ciété qu'il fonda à Marseille avec MM. Roux, Bouquet, C. Louis et Bazan, il s'appliqua à acheter ce sol aux paysans et aux communes qui s'en disaient les propriétaires, ou à s'en faire accorder le droit d'exploitation.

Les communes cédaient à la Compagnie ces terrains au vil prix de 1 fr. 80 c. le kilomètre carré. Si elles faisaient si bon marché de leur droit de propriété, c'est qu'elles savaient qu'il leur était contesté par le fisc.

En effet, une loi du pays (1) déclare propriété nationale toutes les forêts dont les titres privés ne seraient pas produits dans le délai d'un an.

Les terres de Laurium étaient dans ce cas. Aucun document n'ayant été présenté pour prouver le droit de leur possession soit par des individus, soit par des communes, elles étaient depuis vingt-sept ans considérées comme appartenant au domaine.

Cependant, dans les derniers temps, une commune, celle de Kératia, éleva des réclamations ; elle prétendit que les terres qui l'environnaient n'étaient pas des forêts, par la bonne raison qu'il n'y avait pas d'arbres.

Le gouvernement répondit à cela que, s'il n'y avait pas d'arbres, c'est que la commune les avait coupés, ainsi que l'a fait la Compagnie elle-même depuis qu'elle en avait pris possession.

(1) Du 17 nov. 1836.

Il en résulta un procès. Il durait depuis long-temps, et la Compagnie en était avertie. Aussi, par sa pétition mentionnée en dernier lieu, M. Heldreich, s'adressant au gouvernement grec par l'intermédiaire de la légation d'Italie, voulut savoir de lui si le fisc avait des prétentions sur les cinq localités de la commune de Kératia dites *Pountazéza*, *Pacha*, *Placa*, *Cyprianos*, *Ergastiria*.

Le ministre des finances de cette époque, M. Valvis, était un homme peu rompu aux affaires. Le sujet des mines se présentait pour la première fois à lui. Il commit plus d'une erreur dans la manière dont il traita l'affaire, arrivée à ce point.

D'abord il eut le tort d'accepter la pétition qui lui était adressée par l'intermédiaire de la légation italienne, paraissant sanctionner ainsi l'ingérence d'une puissance étrangère dans des intérêts privés, qui ne devaient relever que des lois et des autorités du pays.

En second lieu, il admit, un peu à la légère, le principe que les scories appartiennent au possesseur du sol sur lequel elles sont déposées. En tant que substances métalliques abandonnées par l'exploiteur, mais susceptibles d'être encore exploitées, elles appartiennent à l'État. C'est la théorie sur laquelle se fonde le droit coutumier sur cette matière en Grèce. Il répondit enfin (1) que, les tri-

(1) Le 21 avril 1864.

bunaux étant saisis du litige sur le droit de propriété entre le gouvernement et la commune, il ne
pouvait pas satisfaire d'une manière définitive à la
question qui lui était adressée ; mais que rien n'em-
pêchait la Compagnie de commencer ses opérations
par les endroits sur lesquels il n'existe point de
contestation.

Sur de nouvelles observations de la Compagnie,
qui prétendait que ces endroits étaient trop res-
treints pour permettre une exploitation en grand,
M. Valvis commit la nouvelle faute de lui dire que,
d'après les plans et les travaux des ingénieurs du
gouvernement, il considérait comme terrains non
boisés ceux des quatre localités sur les cinq, à
l'égard desquelles la Compagnie voulait être ren-
seignée, ainsi que la septième partie de la localité
Ergastiria, qui est la plus importante de toutes.

La première réponse de M. Valvis était la seule
légitime. Le ministre n'avait pas le droit de pré-
juger sur les droits du fisc, lorsque le tribunal était
appelé à se prononcer.

Cependant, cette réponse même ne satisfit pas
M. Serpiéri. Il tenait à avoir aussi les autres six
septièmes de la localité d'Ergastiria, et présenta,
par l'intermédiaire du chargé d'affaires de France,
une nouvelle pétition (1), qu'on eût dû ne pas accepter comme la première. Tout en défendant son

(1) Du 14 avril 1864.

point de vue, il ajoute : *Cependant, pour éviter une perte de temps inutile, je suis prêt à déposer dix mille drachmes comme garantie dans le cas où le fisc gagnerait son procès en ce qui concerne les forêts qu'on croit exister dans la partie des scories en litige.*

Le ministre, dans sa réponse (1), tout en exprimant certains doutes sur le classement des terrains d'Ergastiria, en réserva prudemment la décision aux tribunaux, et acceptant le cautionnement il consentit en attendant à en autoriser l'exploitation.

C'est ainsi que la refonte des scories commença.

En 1865, la Société voulut exporter ses produits, consistant en 400 tonnes de plomb argentifère. C'est alors qu'on s'aperçut de la lacune législative à laquelle M. Valvis n'avait pas pensé.

Les scories ne faisant pas partie des mines, il n'y avait pas de loi qui réglât leur concession et qui fixât la taxe de leur exportation ou celle de leurs produits. De plus, les tribunaux ne s'étaient pas encore prononcés sur la question de propriété du sol, qui aurait servi de même à la fixation de l'impôt.

Cependant, le ministre qui a succédé à M. Valvis, M. Sotiropoulos, voulant faciliter les opérations de l'exploitation, autorisa l'exportation sous certaines conditions acceptées par la Compagnie. M. Serpiéri signa (2) pardevant notaire un acte, où il est

(1) Le 25 mai 1864.
(2) Le 30 nov. 1865.

dit : *M. Serpiéri déclare... qu'il promet de se soumettre à tout impôt fixé par la loi ou par une loi à faire sur ledit plomb, qu'il garantit personnellement et par la fortune mobilière que la Société possède au Laurium le payement de l'impôt, pour la quantité de plomb qui sera embarquée à bord du navire qui est mouillé à Ergastiria ; il déclare en même temps que l'exportation du plomb dont il s'agit ne portera la moindre atteinte aux droits que le fisc pourrait faire valoir tant sur le plomb que sur les scories.*

La loi prévue dans cet acte ne fut votée qu'un an et demi plus tard (1). Elle autorise le gouvernment de laisser à la Compagnie les scories reconnues propriété de l'Etat, et frappe le produit net des scories ou du plomb qui en est extrait d'un droit d'exportation de 10 p. 100, qu'elle fixe, pour l'année 1869, à 2 drachmes (1 fr. 20) par tonne de scories, et à 24 d. 38 (23 fr.) par tonne de plomb. De plus, elle impose d'un droit additionnel de 20 p. 100 les scories reconnues propriété de l'Etat. Enfin, elle autorise le gouvernement à inscrire première hypothèque sur les propriétés de la Compagnie pour la garantie de l'impot de 20 p. 100, qui ne serait perçu que lorsque les tribunaux se seraient prononcés sur la propriété des diverses parties des scories.

La question n'est pas de savoir si le droit de 20

____

(1) Le 14 avril 1867.

p. 100 n'est pas trop fort, mais bien si le gouvernement grec avait le droit de l'imposer. Le gouvernement Français a bien décidé en 1825 de prélever sur les salines de l'Est, d'abord une ferme annuelle de 1,800,000 fr., et 59 p. 100 sur les bénéfices.

La Société payait en attendant 10 p. 100 sur tous les produits qu'elle exportait, et l'hypothèque fut inscrite pour les 20 p. 100 à payer sur ceux qui provenaient de terrains dont les tribunaux reconnaîtraient la propriété au gouvernement.

Enfin, le 17 décembre de cette même année, la Cour d'appel d'Athènes rendit un arrêt reconnaissant comme forêts trois des localités litigieuses du Laurium (1).

Le gouvernement invita la Compagnie à s'acquitter du droit de 20 p. 100 réservé. Contre toute attente, la Compagnie refusa. Elle allégua les dépêches du ministre Valvis, qui aurait renoncé à toute prétention du fisc sur les scories du Laurium.

On a eu beau lui représenter que M. Valvis n'était pas maître de disposer de la propriété publique et de trancher de sa propre autorité une question dont les tribunaux étaient saisis ;

Qu'il n'avait fait que donner son opinion privée sur une question qu'on lui posait ;

Que cette opinion ne portait que sur une seule

(1) Théricon, *Cyprianos, Ergastiria.*

des localités contenues dans la sentence judiciaire, et sur la septième partie de l'autre ; •

Que le total des scories de toutes ces localités, sur lesquelles il s'est plus ou moins prononcé, n'était que la cinquième partie de celles qui couvrent le Laurium, et que la Société était libre d'exploiter (1) ;

Que le ministre avait expressément réservé la décision judiciaire, au moins pour la localité d'Ergastiria ;

Que la Société reconnut et admit cette réserve lorsqu'elle offrit un cautionnement ;

Que la Société promit, par un document officiel, « de se soumettre à tout impôt fixé par la loi ou par une loi à faire ; »

Que lorsque la loi fut promulguée, ainsi que lorsque l'hypothèque fut inscrite sur les meubles de la Compagnie, celle-ci n'y mit aucune opposition.

La Compagnie n'en insistait pas moins à se refuser au paiement de tout impôt au delà de 10 p. 100.

Le Gouvernement grec s'adressa aux tribunaux, et la Cour d'appel lui reconnut des droits (2) à un impôt de 20 p. 100 sur les scories provenant des

---

(1) La quantité des scories de Laurium, connues jusqu'alors, était de 1,700,000 tonnes environ ; celles des cinq localités précitées ont été évaluées à 850,697 tonnes. Sur cette quantité 158,743 ont été reconnues, par le tribunal, propriété de l'Etat.

(2) Arrêt du 14 juin 1871.

terres nationales. Comme de l'autre côté la Compagnie discutait l'exactitude du cubage des scories, le tribunal en ordonna la rectification.

Telle est la question des scories. Les réponses très-peu concluantes de M. Valvis, qui après tout ne portent que sur la cinquième partie de ces matières, servent de prétexte à la Compagnie pour refuser la totalité de l'impôt additionel.

II. Les Ecvolades.

En même temps qu'il entreprenait la refonte des scories, M. Serpiéri, soit en vue d'activer plus encore ses travaux, comme il le disait, par l'addition d'autres matières fusibles, soit dans l'espoir qu'il donnerait un dementi à l'antiquité qui déclarait la terre de Laurium épuisée, demanda par son fondé de pouvoirs (1) l'autorisation d'exploiter aussi *les anciennes mines de Laurium, ainsi que les minerais de plomb sulfuré argentifère qui se présenteraient dans les intervalles* (2). »

Cette demande ne présentait pas les mêmes difficultés que celle qui concernait les scories, car il existait depuis 1861 la loi minière, autorisant le gouvernement d'y faire droit s'il le voulait.

(1) Le 6 avril 1864.

(2) La traduction française de ce passage, donnée par la compagnie, n'est pas fidèle. On y lit : « et les *anciens* minerais de galène argentifère qui se trouvent *aux alentours* desdites mines. »

La demande s'appuyait, comme de raison, sur cette loi même (1). C'est en vertu de ses dispositions (2) que le préfet ordonna la publication de la pétition ; et c'est sur elle que s'appuya expressément l'ordonnance d'exploitation (3). C'est enfin en conformité des prescriptions de cette même loi que M. Serpiéri transmettait au préfet (4) les plans des positions dont il demandait la concession et qu'il constatait le contenu des mines.

Un an après que les travaux d'exploitation eurent commencé, un inspecteur envoyé sur les lieux pour se renseigner sur le revenu net des scories, signalait (5) au ministre des finances l'existence à fleur de terre d'amas métallifères que la Société exploitait en même temps que les scories. Ces terres, amoncelées autour des orifices des anciennes mines, ou autour des ruines des anciennes usines, furent reconnues pour des *rejets*, que Strabon appelle *ecvolades*, et qui étaient des minerais retirés par les anciens du fond des mines et abandonnés par eux, soit en raison de leur pauvreté présumée, soit à cause de circonstances qui auraient subitement interrompu l'exploitation, soit enfin

(1) « En me conformant aux articles 20-25 de la loi sur les mines, » etc.

(2) Art. 22.

(3) Ordonn. du 23 août 1867 : « Vu l'art. 5 de la loi sur les mines, et l'art. 6 de la même loi, » etc.

(4) Pétition du 10 juin 1864.

(5) M. Gobens ; rapport du 14 oct. 1869.

après avoir livré par le lavage ou par d'autres procédés leurs parties les plus productives.

Mais ce que les anciens dédaignaient, l'industrie moderne trouve des moyens de le mettre encore à profit et d'en tirer un parti lucratif.

Le gouvernement grec, après quelques hésitations provenant de ses doutes sur la manière dont on devait considérer les rejets au point de vue de la loi, finit par en interdire l'exploitation à la Société. Il soutenait qu'ils n'étaient pas compris dans la concession des mines. La Société prétend le contraire. C'est là la question des ecvolades.

Il nous reste à peser les arguments mis en avant par les deux parties.

La Société prétend au droit d'exploiter les rejets :

1° Parce que, étant concessionnaire des mines, elle l'est par cela même de toutes les substances qui en sont ou qui en ont été tirées, pourvu qu'elles ne soient pas le produit d'une fusion (1).

2° Parce que les rejets ont été expressément compris dans la concession.

3° Parce que, si ces matières ne sont pas comprises dans la loi minière, elles appartiennent au propriétaire du sol.

Voici en quoi se fonde le Gouvernement grec, pour repousser ces assertions :

____

(1) Pétition au ministère des finances du 20 juin 1870.

1° La loi grecque, dit-il, n'implique nullement la concession des rejets.

Cette loi est une simple traduction de la loi française, et doit être interprétée et appliquée comme la loi originale l'est en France. Les rejets n'y sont point mentionnés. Le principe ainsi formulé : *Cuicumque aliquid conceditur, conceditur etiam et id sine quo res ipsa non esse potuit*, c'est-à-dire qu'une concession sous-entend aussi tous les accessoires sans lesquels elle ne peut exister, ne s'applique pas au cas présent. La concession d'une mine sous-entend celle de l'étendue de la surface nécessaire pour l'établissement des puits, sans lesquels la mine ne saurait être exploitée. L'exploitation des rejets n'est pas indispensable à celle de la mine (1).

Mais, indépendamment de cette raison, les rejets ne sont-ils pas un des produits de la mine que la concession implique ?

Non, d'après la loi française, et par conséquent aussi d'après la loi grecque. Le comte de Four-croi qui, à raison de ses connaissances spéciales, fut chargé, en 1808, de rédiger la première, appelle, dans son rapport du 20 octobre de la même année, les mines « un produit naturel. » Le rapporteur de cette même loi, comte Stanislas de Girardin, dit à la chambre des députés, lorsque

(1) Voy. A treatise on the law relating to mines, de R. Collier, attorney general.

cette loi fut discutée, « qu'il faut traiter la mine en masse, ou dans des sections réglées sur le *gisement et les allures des couches et des filons.* »

Les auteurs de la loi entendaient, on le voit, ne parler que des *couches* ou *filons* de minerais, dans leur état *naturel.*

C'est aussi l'opinion des jurisconsultes qui ont écrit sur le droit minier de France. Auguste Bury (1) établit que les substances minérales retirées de la terre par des travaux antérieurs, ne font pas, d'après la loi française, partie de la mine, et ne peuvent pas être considérées comme ayant été cédées avec elles. La concession de la mine se borne au métal dans son adhérence naturelle au sol (2). »

Achenbach (3) dit : *Le droit minier français ne donne au concessionnaire aucun droit sur les anciens rejets* (4).

S'il est nécessaire d'appeler aussi la pratique judiciaire à l'aide de la théorie si clairement énoncée, nous citerons un arrêt du tribunal de Liége, qui n'admet aucune équivoque :

Un propriétaire de terrains métallifères avait concédé à la Compagnie dite « de la Nouvelle Mon-

---

(1) Traité de la législation des mines. Liége, 1859, chez F. Renard.

(2) Vol. II, p. 290-293. N. 1117, 1117 *bis.*

(3) Das gemeine deutsche Bergrecht. Bonne, 1871.

(4) «Das franzœsische Bergrecht legt dem Concessionær über, haupt kein Recht auf alte Halden, » t. I, p. 137, note 1.

tagne » l'exploitation de ses mines de plomb et de zinc. Quelque temps après, ce même propriétaire fit à la dame Dumont la concession des rejets de plus anciennes exploitations, épars sur le terrain concédé. Ils y avaient été laissés par les premiers concessionnaires, qui en avaient retiré l'alun que ces terres avaient contenu. La Compagnie prétendit que, comme concessionnaire des mines, elle eût pu dire aussi comme propriétaire temporaire du sol, elle avait droit aussi sur les rejets qui contenaient les métaux faisant l'objet de son exploitation. Le tribunal de Liége, saisi de l'affaire, se prononça pour la négative (1). Il argua que, « d'après la loi française, qui a aussi force en Belgique, les rejets qui se trouvent sur la surface de la terre ou au-dessous, n'appartiennent pas à la mine ; que par la nature des choses et par la volonté de la loi, celle-ci doit se borner aux seuls métaux que la nature a produits spontanément et qu'elle-même a déposés à leur place, et qu'elle ne peut comprendre aussi les matières métalliques qui auraient été extraites auparavant par le travail des hommes. »

Le tribunal s'appuie entre autres aussi sur le droit romain (2), mais surtout sur le droit coutumier français.

____

(1) Arrêt du 12 mars 1859.
(2) De usufructu, VII, 7. — La troisième loi du Code « de Metallis », XI, 7.

La loi française, d'après l'opinion des hommes compétents, d'après ses auteurs eux-mêmes, d'après la pratique des tribunaux, ne comprend donc pas les rejets avec la mine.

La loi grecque, étant la traduction de la lo française, ne saurait être autrement appliquée.

Dans quelques parties de l'Allemagne, notamment en Prusse, le concessionnaire de la mine acquiert aussi des droits sur les rejets dont le propriétaire n'aurait pas déjà disposé autrement. C'est un article exprès de la loi (1) qui en décide ainsi; preuve suffisante que le silence de la loi n'aurait pas suffi pour cela.

Cependant la Société, tout en admettant que la loi minière ne considère comme mines que « les matières métalliques qui se trouvent dans leur état naturel », croit devoir distinguer entre celles qui sont le produit d'une fusion, comme les scories, et celles qui n'ont été que remuées et transportées à bras d'hommes, comme les rejets (2).

Pour comprendre ce qu'il y a d'arbitraire dans cette distinction, ainsi que pour se rendre compte de la disposition de la loi prussienne, il faut essayer de pénétrer l'esprit du législateur, et les raisons qui l'ont déterminé dans l'un ou l'autre cas.

Les trésors qu'une mine recèle sont cachés aux

---

(1) Art. 54 de la loi prussienne. Voy. Klostermann: Das allgem Berggesetz für die Preussischen Staaten. p. 165, note 117.

(2) Pétition au ministre des finances du 20 juin 1870.

entrailles de la terre, d'où ils ne sont retirés
qu'avec de grandes difficultés. Souvent même l'en-
trepreneur, travaillant à l'aveugle pour les obtenir, est frusté de toutes ses dépenses. Il n'en est
pas de même des rejets, qui, étalés sur la surface,
sont d'un accès facile, d'un rendement connu
d'avance, et ne coûtent que la peine d'être ramassés.

Il est donc évident que les conditions de l'exploitation des mines et des rejets étant si diffé-
rentes, celles de leur concession ne peuvent être
les mêmes.

Que les rejets aient passé par les fourneaux du
métallurge ou seulement par la pelle du mineur,
qu'on en ait ou qu'on n'en ait pas retiré déjà une
partie de leur contenu, ce n'est pas ce qui change
ces conditions. Au concessionnaire des mines il
est juste de faire des avantages qu'on ne doit pas à
celui des rejets.

Mais il y a aussi à considérer la différence qui
existait entre les rejets anciens, tels que ceux de
l'Espagne, de la Sardaigne, de la Grèce, et ceux
qui sont les produits dus à l'industrie moderne.
La métallurgie connaît de nos jours des procédés
qui épuisent les minerais et en tirent toutes les
substances productives. Par conséquent, des rejets
dont le propriétaire n'a pas eu soin de disposer autrement sont probablement de minime
valeur, et la loi prussienne, pour éviter des con-
testations oiseuses, n'a pas de difficulté à les dé-

clarer subordonnés à la concession de la mine.

Les anciens rejets, au contraire, à cause de l'im-perfection de l'industrie d'alors, contiennent souvent des richesses considérables, et ne sauraient être livrés comme un simple appendice des mines.

2° Le Gouvernement grec conteste également l'assertion de la Compagnie, que la concession des rejets soit expressément mentionnée dans sa pétition et dans l'ordonnance qui la lui donne.

La Compagnie a demandé, en même temps que les anciennes mines, la concession aussi des minerais de plomb sulfuré argentifère, qui se présenteraient entre elles (1). Ce sont, dit-elle, les rejets qu'elle a demandés.

Le Gouvernement grec lui répond que ce ne peuvent pas être les rejets, parce que la pétition, se fondant sur la loi, ne pouvait demander que ce qui est dans la loi. Il en est de même de l'ordonnance de concession du 23 août 1867.

En outre, à l'époque où la pétition fut donnée, les rejets étaient inconnus. Il est vrai que M. Serpiéri prétend avoir indiqué dans une pétition supplémentaire (2), que « les anciens minerais se présentent dans les anciennes mines en *amas* et filons » ; mais la pétition originale est en grec, et il y est question de *couches* et non d'amas.

En 1867 (3), pour compléter sa demande de

(1) La pétition au ministre des finances du 20 juin 1870.
(2) Du 10 juin 1864.
(3) Du 15 mai 1867.

1864, et afin de se conformer à la loi, M. Serpiéri a soumis au ministère de l'intérieur trois échantillons des minerais dont il demandait la concession·

1° Un bloc de plomb sulfuré argentifère, contenu dans de la pierre calcaire ;

2° Un autre du même métal, tiré des filons renfermés dans du schiste;

3° Un troisième, tiré de minerais de fer contenus dans de la pierre calcaire.

Toutes les trois étaient, on le voit, des produits des mines, et aucun n'appartenait aux rejets.

Les minerais demandés, qui se rencontreraient dans les mines, n'étaient donc évidemment pas les rejets, mais les filons qui pourraient être encore trouvés dans les espaces qui séparent les anciennes mines.

Enfin, l'ordonnance, qui est le seul titre constitutif de la concession, ne mentionne ni explicitement, ni implicitement les rejets, et accorde seulement le droit de « tirer des *mines* du plomb argentifère sulfuré », dans une étendue dont elle retrace les limites.

3° Dans sa pétition du 20 juin 1870, M. Serpiéri met un autre principe en avant. S'il est vrai que les rejets ne sont pas compris dans la loi des mines, alors, dit-il, ils appartiennent au propriétaire du sol.

Il est vrai qu'à une certaine époque, le ministère grec lui-même s'est arrêté à cette théorie, et a

présenté à la chambre un projet de loi qui soumet-
trait, comme pour les scories, à un impôt différent
les rejets qui existaient sur des terrains privés, et
ceux qui couvraient un sol national.

Cette loi, dans la pensée du ministère, ne devait guère profiter à la Société, car il considérait
comme propriété publique toute l'etendue dont elle
avait eu la concession. Elle fut cependant rappor-
tée avant d'avoir été votée, car on a reconnu que
c'est la nature métallifère de ces terres et non leur
position qui détermine leur relation légale. Les
substances métalliques appartiennent au fisc,
ou en sont concessionnés, quelle que soit la position qu'elles occupent. C'est le cas avec les rejets
tout autant qu'avec tous les autres minerais.

Les rejets ne sont donc pas la propriété du possesseur du sol. Ils le seraient, qu'ils reviendraient
encore au fisc, à qui les tribuuaux ont adjugé le
sol.

Lors donc que les rejets ne sont pas compris
dans la loi, lorsqu'ils ne peuvent pas être et qu'ils
ne sont pas mentionnés dans l'ordonnance de concession, et qu'ils n'appartiennent pas au propriétaire du sol, mais bien au fisc, peut-on s'étonner
et en vouloir au Gouvernement grec de ce qu'il ne
les abandonne pas à la Compagnie ? Et quelle est la
chambre qui l'absoudrait de disposer ainsi ar-
bitrairement de la fortune publique ?

Il doit la défendre. Si la Compagnie croit qu'il

l'a fait d'une manière qui lèse ses intérêts légitimes, qu'a-t-elle à faire? La voie lui est toute tracée : elle doit porter plainte devant les tribunaux du pays; elle est soumise à leur juridiction au même titre que les indigènes. Dans aucun pays civilisé, aucun étranger ne jouit pour les litiges civils du droit d'exterritorialité; cependant la Compagnie récuse la justice hellénique, qui, dit-elle, ne lui offre pas de garanties suffisantes.

Que dirions-nous à un négociant allemand, à une compagnie anglaise, qui, étant venus exercer leur industrie en France, refuseraient de se soumettre à la juridiction de nos tribunaux, déclarant qu'ils ne leur inspirent pas assez de confiance? Nous leur dirions probablement que, dans ce cas, ils feraient mieux de rester chez eux, où ils auraient des juges qui leur agréent.

La Grèce a pleinement le droit de parler ainsi. Son organisation judiciaire ne laisse rien à désirer. Elle est l'œuvre de Maurer, l'un des juriconsultes les plus savants et les plus renommés de ce siècle. Elle fonctionne avec une grande régularité. La loi grecque est le Code Napoléon ; elle est appliquée par des juges inamovibles, si jaloux de leur indépendance, que dans les différents entre les particuliers et l'État, on les voit presque toujours portés à pencher vers les premiers, pour échapper à tout soupçon de complaisance servile.

Cependant cette Compagnie, que nous mettrions

si peu de façons à engager à rester chez elle pour jouir de ses propres tribunaux, a, dit-on, répandu le bien-être et la prospérité dans la contrée où elle est établie. Elle y a opéré des transformations magiques : sous sa baguette d'argent, une ville a surgi au milieu des déserts ; des routes, même des chemins de fer, les traversent de toutes parts, et une population active appelle la vie, la richesse et l'animation sur ces plages, autrefois désolées.

Cette énumération des mérites de la Compagnie et des services qu'elle rend au pays, souvent répétée et narrée par ses amis sur les tons les plus idylliques, serait exactement vraie, qu'il n'en résulterait pas encore pour le pays la nécessité de faire un complet abandon de sa dignité et de son indépendance.

Mais, réduits à leur exacte valeur, ces services ne sont après tout que ceux que rendrait toute industrie lucrative qui a besoin des autres pour faire ses propres affaires. La population appelée ici n'est pas une addition à celle de la Grèce; elle n'en est qu'un déplacement. La ville n'abrite que les mineurs, et sera abandonnée quand les mines seront épuisées; les chemins ne servent qu'à l'exploitation. Ce n'est pas même la Compagnie qui a pris l'initiative de l'entreprise; c'est M. Pakhys qui a été le premier à la soumissionner. Si cette industrie a attendu si longtemps pour se développer, il en a été d'elle comme de toutes les autres. Le pays n'était pas encore mûr pour les grandes entreprises. Son tour serait venu un peu plus tard peut-être, comme il est venu pour tant d'autres industries, particulièrement pour les exploitations métallurgiques, en vue desquelles plusieurs sociétés indigènes ont été formées dans les derniers temps.

Constatons enfin que le capital social appliqué à cette entreprise n'a été que de 500,000 fr., et que toutes les dépenses faites pour ces travaux, très-beaux sans doute, ont été prises sur les profits.

Pour refuser de se soumettre aux tribunaux du pays, la Compagnie a cependant un autre argument qu'elle croit sans réplique.

En 1871, dit-elle, la chambre grecque a passé une loi qui déclare les rejets propriété de l'Etat. Cette loi préjuge la question, empiète sur les droits préalablement acquis, et rend inutile et impossible tout recours aux tribunaux, auxquels elle prescrit d'avance leur décision.

C'est un grief trop grave pour que nous ne nous fassions pas un devoir d'examiner combien il est fondé.

En Grèce, nous l'avons dit, le fisc se considère, de par les lois et coutumes du pays, et en tant que légitime successeur du Gouvernement ottoman, comme l'unique propriétaire des minéraux cachés dans les entrailles de la terre ou répandus à sa surface.

Cette appréciation est indépendante de la loi de

1871. — Elle lui est antérieure, et date du jour même de la fondation du nouveau royaume.

C'est d'elle que découlent toutes les lois qui règlent les relations minières.

En effet, ce principe ne suffit pas à lui seul pour que le Gouvernement grec dispose à son gré des matières métalliques, bien qu'il en soit reconnu propriétaire. Il faut une loi spéciale qui l'y autorise, et règle la manière dont il en peut disposer. Il en est de même de toutes les autres propriétés nationales.

Jusqu'en 1861, plusieurs demandes en concession de mines lui avaient été adressées. Il s'était vu forcé de les décliner à cause de l'absence d'une loi minière.

L'émeri, un minerai très-productif, couvre de grandes étendues de l'île de Mélos. Le gouvernement ne put l'utiliser en l'affermant, qu'après y avoir été autorisé par une loi spéciale (1).

Il n'en fut pas autrement des scories, dont une loi (2) a réglé l'impôt selon les localités où elles se trouvent.

Les rejets étaient dans la même condition : comme substance métallique ils appartiennent par le droit commun au fisc, sans qu'il y ait besoin d'une loi spéciale pour le déclarer. Comme des mine-

(1) Celle du 17 juillet 1852.
(2) Du 14 avril 1867.

rais remués et déplacés par le travail des hommes, ils ne sont pas compris dans la loi minière. Pour en disposer, le gouvernement a besoin d'une autre loi qui règle les conditions de leur concession et de l'impôt auquel ils seront soumis. C'est celle qui fut votée par la Chambre en 1870 (1).

Cette loi n'enlève pas à la Compagnie son droit de propriété ; elle règle l'usage que le gouverne-peut faire de la sienne. Ce droit du gouvernement, elle ne le crée point, elle ne le confirme même pas; elle ne fait que le citer dans ses *considérants* comme indubitable et présupposé. Elle ne dit pas (2) : « Les rejets sont propriété de l'Etat, » mais bien : «Comme les rejets sont propriété de l'Etat, il en sera disposé ainsi qu'il suit.»

Ce n'est donc pas cette loi qui peut entraver l'action des tribunaux, mais la position des minéraux vis-à-vis du fisc, qui est antérieure à la loi.

Du reste, la Société, dont les principaux arguments consistent à soutenir que le gouvernement grec lui a concédé les rejets, soit par mention expresse, soit en même temps que les mines, doit admettre comme point de départ de ses réclamations la propriété même du gouvernement.

Supposons que les tribunaux s'avisent de la débouter de sa demande au nom de cette loi.

Elle aurait à répondre triomphalement : Votre

(1) Le 15 mai
(2) Art. 2.

loi est de 1870, et mes droits datent de 1869. Vous ne voudrez pas lui donner, dans son application, force rétroactive?

Elle répondrait encore : La loi, dites-vous, vous reconnaît ou vous confère la propriété des rejets? Nous ne demandons pas mieux. Ce que nous soutenons, de notre côté, c'est qu'en votre qualité de propriétaires vous nous en avez donné la concession.

Les tribunaux n'auraient donc à se prononcer que sur ces deux questions : L'ordonnance de concession pouvait-elle comprendre et a-t-elle compris les rejets avec les mines? La loi minière s'étend-elle aussi sur les rejets?

Ces deux questions sont également indépendantes de la loi de 1870, qui ne met aucune entrave à la justice.

La voie diplomatique peut paraître plus agréable à la Société, surtout si elle a quelque intérêt à embrouiller la question plutôt qu'à l'éclaircir.

Mais il nous paraît assez difficile que la Grèce, de son côté, consente à admettre qu'une compagnie industrielle, établie sur son sol, si elle pense avoir des griefs à faire valoir, au lieu de s'adresser aux tribunaux du pays, et avant qu'elle ait à se plaindre d'un déni de justice ou d'une injustice éclatante, se croie autorisée à appeler à son aide les foudres diplomatiques de l'étranger, et menace le pays du poids de tout leur appui moral.

Nous ne parlons pas de l'appel fait à la force, des demandes d'expéditions navales en faveur de la Compagnie, qui n'est pas responsable de ces aberrations. Elles sont les rêves belliqueux d'hommes qui, n'ayant pas cru l'occasion assez bonne pour faire preuve de leur ardeur martiale pendant notre dernière guerre, et de payer de leur personne dans les champs de bataille, veulent se rattraper aujourd'hui par mer. Ils crient aux armes, même pour une exploitation de rejets de plomb. Peu leur importe l'importance ou la justice de la cause ; et ils sont peu faits pour comprendre qu'il est moins glorieux d'opprimer par les armes, surtout lorsqu'on n'a pas la justice incontestable de son côté, de plus faibles qui ne pourraient, qui ne voudraient peut-être pas se défendre, que d'être vaincu par des forces supérieures.

Alex. de RIZ,

Ancien officier d'artillerie.

Paris. typ. A. PARENT, rue Monsieur-le-Prince, 31.